# DAS OFFIZIELLE BUCH ZUM FILM

Text von
**Julia March**

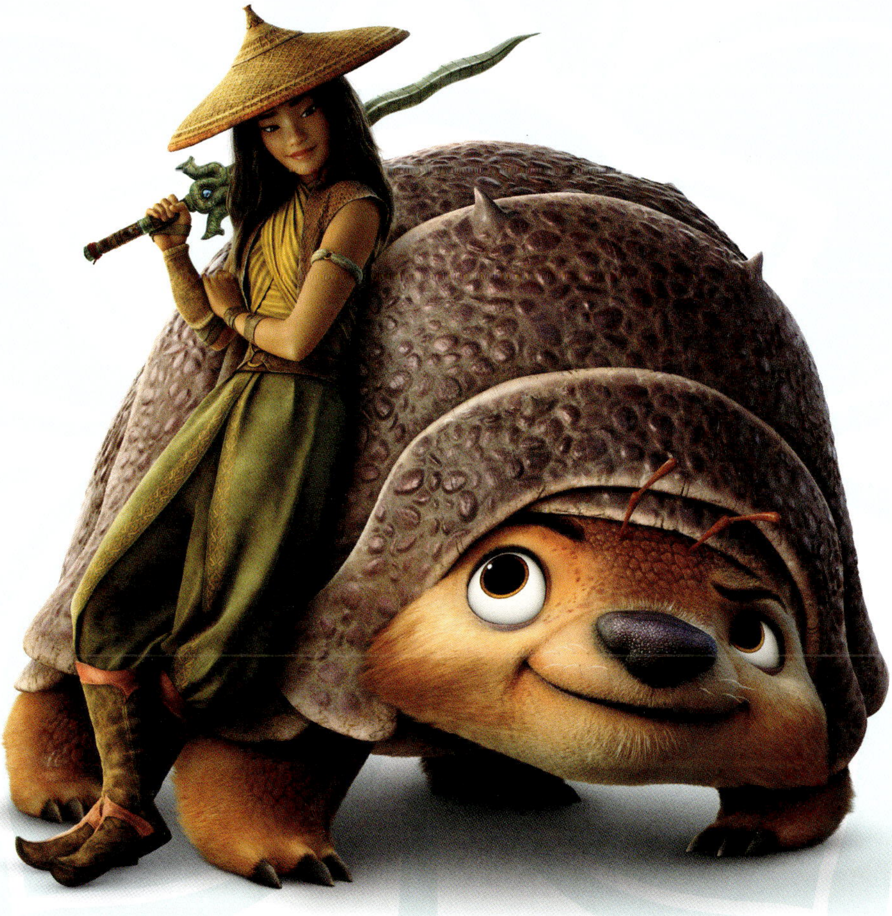

# Inhalt

**Vor langer Zeit** lebten in Kumandra Menschen und Drachen in Frieden vereint.

Dann kämpften die Menschen gegeneinander. Das lockte die finsteren Druun an, die alle in Stein verwandelten.

Die Drachen opferten sich und trieben mit ihrer Magie die Druun zurück.

Heute ist Kumandra gespalten. Von den Drachenkräften blieb nur ein Bruchstück. Lässt sich damit die Welt wieder vereinen?

**Land des Zahns**
Ein wohlhabendes
Land, in dem man
Gold und Katzen liebt

**Land des Kamms**
Ein fernes Bergland,
berühmt für seine
wilden Krieger

**Land des Herzens**
Ein friedliches,
blühendes Land mit
einer runden Insel

**Land der Klaue**
Ein quirliger Hafen
voller Reisender
und Händler

# Kumandra

Obwohl der letzte Drache die Druun verjagte, kehrte in Kumandra kein Frieden mehr ein. Die Menschen blieben wütend und misstrauisch. Heute ist Kumandra in fünf Länder unterteilt: Land des Zahns, Land des Herzens, Land des Kamms, Land der Klaue und Land des Schweifs. Die einzige Verbindung ist der mächtige Drachenfluss.

**Land des Schweifs**
Ein dünn besiedeltes Wüstenland mit abgehärteten Menschen

Der Drachentempel steht auf diesem spektakulären Felsen.

Im Palast des Herzens leben Raya und Benja.

# Land des Herzens

Dieses grüne, reiche Land besitzt etwas ganz Besonderes – das geheimnisvolle Drachenjuwel. Vor Jahrhunderten vertrauten die Drachen es dem Land an. Es wird seitdem im Drachentempel aufbewahrt. Oberhaupt Benja ist der Wächter des Drachenjuwels. Er wacht über sein Volk und seine Tochter Raya.

Brücke zu den anderen Ländern

# Junge Raya

Raya lebt im Land des Herzens und hörte viele Geschichten über Drachen. Sie wollte schon immer Wächterin des Drachenjuwels werden wie ihr Vater Benja. Er stellt ihr die Aufgabe, das Versteck des Juwels im Drachentempel zu erreichen!

## Baby Tuk Tuk

Tuk Tuk ist Rayas treues Haustier. Er ist noch ganz klein und passt in einen Beutel.

## Mutig und frech

Mit zwölf Jahren glaubt Raya, dass sie bereit ist, Wächterin des Drachenjuwels zu werden. Sie muss ihrem Vater beweisen, dass sie die Aufgabe bewältigen kann.

## Leise Schritte

Raya muss sich in den Tempel schleichen! Tuk Tuk hilft, indem er an Fallen vorbeirollt und sie auslöst.

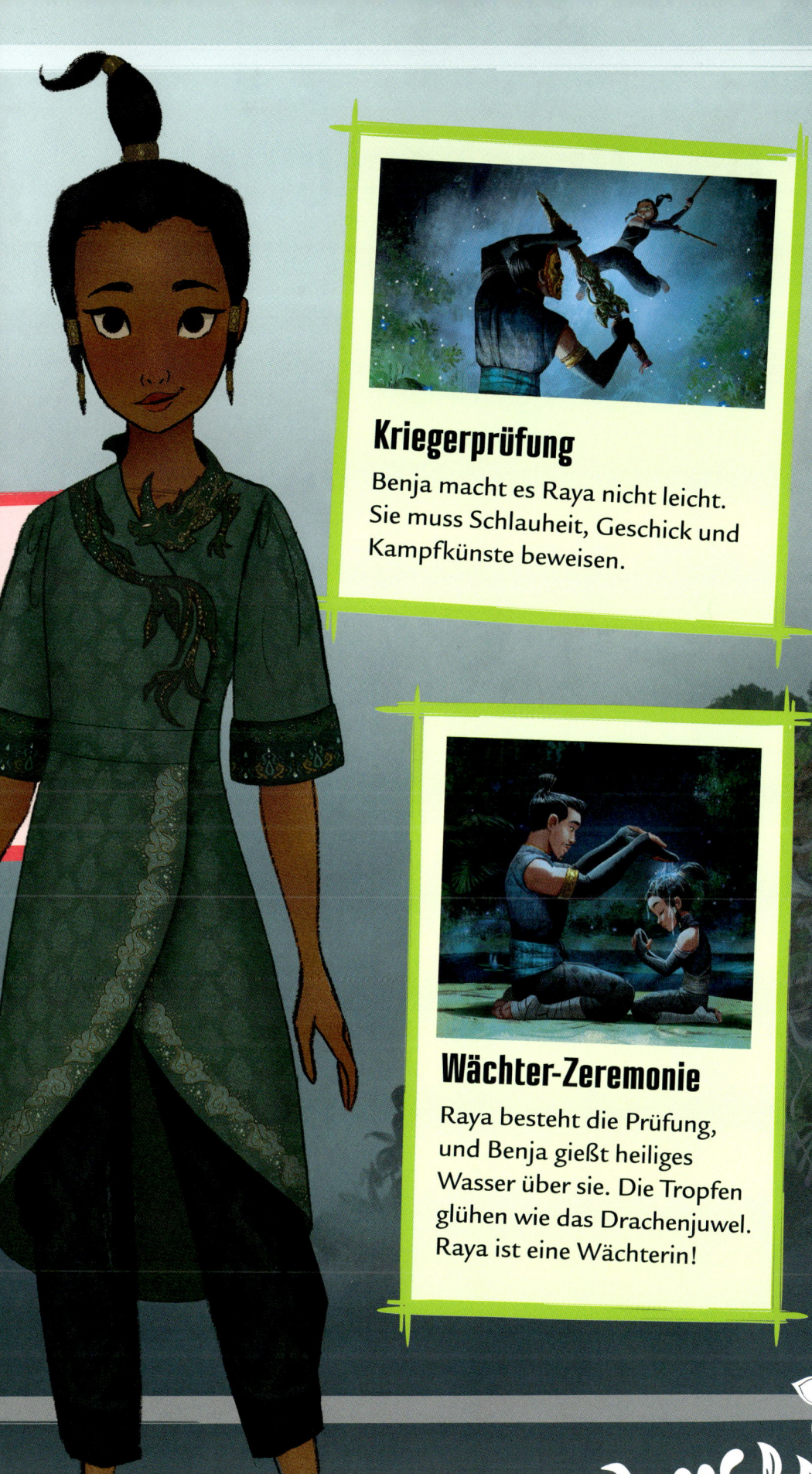

## Kriegerprüfung

Benja macht es Raya nicht leicht. Sie muss Schlauheit, Geschick und Kampfkünste beweisen.

## Wächter-Zeremonie

Raya besteht die Prüfung, und Benja gießt heiliges Wasser über sie. Die Tropfen glühen wie das Drachenjuwel. Raya ist eine Wächterin!

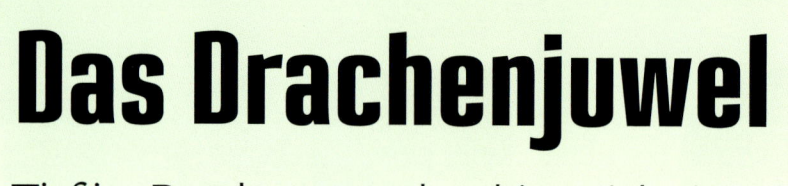

# Das Drachenjuwel

Tief im Drachentempel verbirgt sich eine
Kammer. Dort schwebt das legendäre
Drachenjuwel. Es heißt, der letzte Drache
Sisu habe damit die Druun vertrieben. Diese
glühende Kugel enthält die einzigen Drachen-
kräfte in Kumandra. Kein Wunder, dass die
Wächter sie so leidenschaftlich schützen!

Ein Teich umgibt
das schwebende
Juwel.

Das Juwel zieht Wasser an.

13

# Benja

## Vater, Anführer und Friedensstifter

Rayas Vater Benja herrscht über das Land des Herzens. Er will aus Kumandra wieder eine glückliche, vereinte Welt machen. Doch auch als ein Mann des Friedens ist Benja kein Schwächling. Seine Schwertkünste haben ihm den Namen „kühnste Klinge der fünf Länder" eingebracht.

## Was du über Benja wissen musst:

**1** — Seine geliebte Tochter Raya nennt ihn „Ba".

**2** — Benja baute eine Brücke zu den anderen Ländern.

**3** — Er glaubt, die Welt sei zerbrochen, weil die Menschen einander nicht trauen.

**4** — Benja ist ein echt toller Koch!

# Zerbrochene Welt

Benjas Brücke zwischen dem Land des Herzens und den anderen Ländern ist fertig. Es ist Zeit, die Menschen aus den Nachbarländern zu begrüßen. Raya fällt auf, dass die vier Gruppen getrennt stehen. Ist das Freundschaftsangebot ihres Vaters vergebens? Kann diese zerbrochene Welt wieder geheilt werden?

# Verrat

Raya freundet sich mit Prinzessin Namaari aus dem Land des Zahns an. Sie lieben beide Drachen! Namaari verrät ein Geheimnis – das Land des Zahns besitzt eine Schriftrolle über den letzten Drachen. Auch Raya teilt ihr Geheimnis mit Namaari.

## Freundlich begrüßt

Benja ermuntert Raya, die Besucher zu begrüßen und die Gerüchte zu vergessen, die sie womöglich über sie gehört hat.

## Geteiltes Geheimnis

Raya führt ihre neue Freundin in den Drachentempel. Namaari bewundert das glühende Drachenjuwel!

## Namaaris Falle

Namaari ruft die Soldaten vom Land des Zahns. Andere Gäste folgen. Sie kämpfen alle um das Juwel. Selbst Benja kann sie nicht aufhalten.

## Druun-Angriff

Das Juwel zerbricht in fünf Scherben. Dann greifen die Druun an! Jeder Clan schnappt sich eine Scherbe und flieht!

## Letzte Hoffnung

Benjas Bein ist verletzt. Ihm bleibt nur ein kurzer Moment, um Raya seine Scherbe zu geben, ehe die Druun ihn in Stein verwandeln. Solange im Juwel Licht ist, besteht Hoffnung.

Benja stößt Raya weg, ehe er versteinert wird.

# Flucht!

Die Kämpfe lockten wie schon vor Jahrhunderten die Druun an. Diese rauchartigen Wesen ernähren sich von Konflikten und verwandeln ihre Opfer in Stein. Benja setzt seine ganze Kraft ein, um Raya vor ihnen zu retten. Er stößt sie in den Fluss und sie wird von der Strömung weggetragen.

# Raya

## Mutige Kriegerin

Vor sechs Jahren hat Raya das Drachenjuwel enthüllt und dadurch eine Katastrophe ausgelöst. Sie sucht nun nach einem Drachen, von dem sie sich Hilfe erhofft. Raya ist klug und witzig, doch Tuk Tuk ist ihr einziger Freund. Sie reist durch Kumandra und trifft viele neue Leute – wem kann sie vertrauen?

## Was du über Raya wissen musst:

**1** Raya ist die Tochter von Oberhaupt Benja.

**2** Raya will das Drachenjuwel reparieren und Kumandra retten.

**3** Sie ist eine kühne Schwertkämpferin und hat gelernt, allein zu überleben.

**4** Sie hat kein Vertrauen, weil man sie ja verraten könnte.

# Rayas Aufgabe

Raya ist entschlossen, den Drachen zu finden. Wenn sie es schafft, könnten ihr geliebter Vater und alle anderen versteinerten Menschen aus Kumandra wieder leben.

## Drachen-suche

Der letzte Drache ist nicht versteinert wie die anderen. Er muss irgendwo sein! Sicher kann dieser Drache Kumandra erneut retten – wenn Raya ihn findet.

## Namaari meiden

Raya weiß, dass Namaari sie durch Kumandra verfolgt. Sie muss Namaari entwischen, sonst wird sie sich bestimmt in Rayas Pläne einmischen.

## Stein reparieren

Die anderen Länder haben je eine Scherbe des Drachenjuwels. Raya muss in allen vier Ländern die Scherben einsammeln und den Stein wieder zusammenfügen.

## Die Druun besiegen

Mit dem Stein wird der Drache die Druun vertreiben, dann leben die versteinerten Menschen wieder. Vielleicht wird sogar Benjas Traum eines vereinten Kumandra wahr.

# Tuk Tuk

## Rasender Roller

Ist es eine Assel? Ein Gürteltier? Nein, es ist Tuk Tuk! Diese riesige, aber sanfte Kreatur ist mehr als nur Rayas Haustier: ihr bester Freund und treues Reittier. Tuk Tuk geht langsam, wird aber rasend schnell, wenn er sich zu einem Ball zusammenrollt! Raya muss nur auf den Sattel springen und ihm den Weg zeigen.

## Was du über Tuk Tuk wissen musst:

**1** — Tuk Tuk begleitet Rayas Suche nach dem letzten Drachen.

**2** — Er ist stur, doch mit Essen kann man ihn überreden.

**3** — Früher war Tuk Tuk so winzig, dass er auf Rayas Schulter Platz fand.

**4** — Er rollt sich manchmal vor Schreck auf den Rücken.

Breitkrempiger
Flechthut

Langer Umhang
mit Seidenfutter

Gemütlicher
Sattel mit
Griffen

Zähe Panzerhaut
schützt Tuk Tuk
beim Rollen.

# Mutig unterwegs

Raya wird mit allem fertig, was ihre Reise mit sich bringt. Ihr Umhang schützt sie vor dem Wetter. Einen Beutel mit der Juwelscherbe, Nahrung, Geld und einer Landkarte trägt sie dicht am Körper. Rayas Reisegefährte Tuk Tuk hat einen Schlafsack und Rayas Schwert hinten am Sattel.

Zierscheide

Kordeln am Griff geben Halt.

Symbol vom Land des Herzens in Tropfenform

## Rayas Schwert

Rayas Schwert gehörte einst Benja. Die magische Waffe wird zum Wurfhaken – damit lässt sich schwer Erreichbares locker ranholen!

Einst reichte
das Wasser bis
an diese Klippe.

Staubtrockenes
Flussbett

# Land des Schweifs

Weit im Westen von Kumandra liegt das Land des Schweifs. Diese Wüste wird jedes Jahr trockener, da das Wasser zurückgeht. Die Menschen leben hier in verstreuten Siedlungen. Sie sind ein abgehärtetes Volk, das überlebt, indem es Dinge wiederverwertet. Hier wird nichts verschwendet!

Dicht geflochtenes Haar

# Die lange Suche

Raya sucht Sisu, den letzten Drachen. Laut einer alten Schriftrolle schläft Sisu am „Flussende", doch der Fluss hat viele Zuflüsse aus verschiedenen Quellen. Einen nach dem anderen sucht Raya ab, bis nur noch einer im Land des Schweifs übrig bleibt. Wenn Sisu dort nicht ist, muss die erschöpfte Raya aufgeben.

# Namaari

## Freundin oder Feindin?

Namaari aus dem Land des Zahns freundete sich bei ihrem Besuch im Land des Herzens mit Raya an. Doch Namaari verriet Raya. Wegen ihr zerbrach das Drachenjuwel. Jetzt ist sie eine Kriegerin, die glaubt, dass Raya ihre Feindin ist. Namaari schwört, Rayas Suche nach dem Drachen aufzuhalten.

## Was du über Namaari wissen musst:

**1** Namaaris Mutter Virana ist das Oberhaupt vom Land des Zahns.

**2** Sie ist genial, kann aber heimtückisch und berechnend sein.

**3** Namaari ist in ihrem Land eine Heldin. Sie würde alles tun, um ihr Land zu schützen.

**4** Sie liebt Drachen wirklich – genauso wie Raya.

# Land des Zahns

Das Land des Zahns liegt am Kopf des Drachenflusses. Es ist bekannt für seine stolze Herrscherfamilie, die spitzen Gebäude und seine Unfreundlichkeit. Die Menschen von hier lieben Katzen. Sie bauten einen Kanal um ihre Stadt, damit niemand hinein kann. Bei ihnen geht es um Macht – nicht ums Teilen!

Das Land ist eine künstliche Insel.

Im Palast des Zahns leben Namaari und Virana.

## Cerlots

Diese Riesenkatzen sind im Land des Zahns heimisch. Die flinken Wesen dienen als Reittiere für wilde Krieger.

Die Insel bildet ein Auge im Kopf des Flusses.

Stufen führen zu den Gebäuden von der Stadt.

Raya kann nur hoffen, dass Sisu aufwacht.

Die Reisküchlein treiben im Wasser.

# Sisu erwacht

Raya findet den Schlafplatz des letzten Drachen in einem Wrack im Land des Schweifs. Aber wie weckt man einen Drachen? Raya bringt ein Opfer aus Räucherwerk und Reis. Es funktioniert – auch wenn Sisu erklärt, dass das für einen hungrigen Drachen nur ein kleiner Happen ist!

Sisu freut sich über Raya – und die Mahlzeit!

# Drachenkräfte

Die Magie des Drachenjuwels gehörte einst Sisus Geschwistern. Als Raya und Sisu die Scherben finden, gewinnt Sisu eine Kraft ihrer Familie nach der anderen zurück.

Ein leuchtender Drache ist ein toller Anblick. Mit der Leuchtkraft ihrer kleinen Schwester Amba strahlen Sisus Augen, und der Drache schimmert wie ein blauer Stern.

**Leucht-kraft**

Sisus Schwester Pranee konnte sich als Mensch ausgeben! Mit der Kraft des Gestaltwandels verwandelt Sisu sich in eine junge Frau mit lila Haaren.

**Gestalt-wandel**

Manchmal will sich ein Drache nicht sehen lassen. Sisu nutzt das Nebelkleid ihres Bruders Jagan, um sich in dichten, undurchsichtigen Nebel zu hüllen.

**Nebel-kleid**

Regenmachen war die Kraft von Sisus großem Bruder Pengudatu. Sisu kann damit durch den Himmel fliegen, indem sie auf den Tropfen läuft.

**Regen-machen**

# Sisu

## Geniale Gestaltwandlerin

Als Raya eine neue Juwelscherbe aufspürt, erhält Sisu eine wichtige Kraft. Damit kann sie sich in Menschengestalt verwandeln. Sisu ist als Mensch genauso optimistisch und zutraulich wie als Drache. Und sie ist hungrig. Was auch sonst, nachdem sie 500 Jahre geschlafen hat?

## Was du über Sisu wissen musst:

**1** — Der Name Sisu ist die Kurzform für Sisudatu.

**2** — Ihre langen Haare ähneln der Mähne ihrer Drachengestalt.

**3** — Raya muss Sisu warnen, ihre Drachengestalt nicht vor Fremden zu zeigen.

**4** — In Menschengestalt geht Sisu niemals geradeaus.

# Boun

## Knallharter Geschäftsjunge

Boun wuchs allein auf den Straßen vom Land des Schweifs auf, nachdem er seine Eltern an die Druun verloren hatte. Dieser kleine Kerl zwingt der Welt seine Bedingungen auf. Schon mit zehn Jahren führt Boun ein Restaurant – erreicht hat er das durch harte Arbeit, klugen Geschäftssinn und nur etwas Schwindelei!

## Was du über Boun wissen musst:

1 – Boun führt ein schwimmendes Shrimps-Restaurant.

2 – Er ist empört, als Raya Gift in seinem Reisbrei vermutet.

3 – Er will unbedingt viel Jade verdienen – das Geld von Kumandra.

4 – Boun ist manchmal verängstigt und allein.

# Land der Klaue

Der Hafen in der Mitte des Drachenflusses ist ein wichtiger Knotenpunkt für Reisende. Heruntergekommene Boote liefern Waren zu maroden Stegen, ehe sie auf dem Markt weiterverkauft werden. Händler (und Betrüger) verdienen auf den belebten Straßen eine Menge Jade.

Bunte Marktstände

# Die Ongis

## Hier, dort und überall

Die Ongis wollen unvorsichtige Besucher des Hafens vom Land der Klaue ausrauben. Ablenkungsmanöver sind ihre Spezialität. Uka, Pan und Dyan verwirren ihre Opfer, sodass diese nicht merken, wenn man ihnen die Taschen ausräumt. Niemand, nicht mal Raya, ist auf die Ongis vorbereitet.

## Was du über die Ongis wissen musst:

**1** — Ihre Namen bedeuten auch eins, zwei und drei.

**2** — Sie arbeiten im Team und bleiben nah zusammen.

**3** — Sie arbeiten mit der kleinen Noi, um Passanten abzulenken.

**4** — Sie stehlen alles – sogar Scherben des Drachenjuwels!

# Die Ongis erkennen

Die Ongis sind Uka, Pan und Dyan. Uka bedeutet „eins", Pan „zwei" und Dyan „drei". Man kann sie auch eins, zwei, drei auseinanderhalten! Lies dir alles über sie durch, dann ordne die Bilder auf der anderen Seite den drei Ongis zu.

## Dyan
- Haarknoten
- Breitkrempiger Hut
- Wirkt oft mürrisch

## Pan
- Ist der rundeste
- Lächelt breit
- Kegelförmiger Hut

## Uka
- Große Augen
- Nur vier Barthaare
- Ist sehr klein

Antworten: Uka: 2, 5, 7; Pan: 3, 4, 9; Dyan: 1, 6, 8

# Noi

## Kleine Noi, großer Ärger

Ist sie nicht süß? Das kleine Mädchen aus dem Land der Klaue sieht nicht nach Ärger aus. Tatsächlich wird sie nur nie erwischt! Noi ist eine Betrügerin, die die Ongis mit einem Fingerschnippen kontrolliert. Noi lenkt Passanten glucksend oder weinend ab, während die Ongis sie bestehlen.

## Was du über Noi wissen musst:

**1** — Noi war ihr Leben lang eine Betrügerin (also zwei Jahre).

**2** — Noi sagt zu Sisu „Suusuu".

**3** — Nois Ablenkungskünste bringen Raya an den Wächtern am Haus des Oberhaupts vorbei.

**4** — Sie trägt ihr Haar in sechs kleinen Knoten.

54

# Ärger im Land der Klaue

Auf der Suche nach einer weiteren Scherbe suchen Raya und Sisu nach Dang Hai, dem Oberhaupt vom Land der Klaue. Stattdessen treffen sie auf seine Mutter Dang Hu. Die alte Dame wirkt nett, ist aber rabiat. Sie will Sisu hereinlegen, doch Raya eilt auf Tuk Tuk herbei und schnappt sich die Scherbe!

Raya erobert die Scherbe.

Mammutstoßzähne am Haus

# Land des Kamms

Das Land des Kamms befindet sich hoch in den verschneiten, bambusbedeckten Bergen. Angeblich hausen dort riesige, wütende Krieger. Selbst aus der Ferne sehen Reisende die mit Stacheln bestückten Wälle der Festung und hören Trommeln dröhnen. Der Lärm lässt eine mächtige Armee erahnen!

Bambushütten

Bewehrter Eingang zur Festung

Brücke über eine tiefe Schlucht

# Tong

## Ein-Mann-Land

Tong ist als Einziger im Land des Kamms geblieben. Alle anderen zogen fort in ein besseres Leben! Tongs letzter Kampf war vor Jahren, doch er wirkt immer noch wie ein Krieger. Tong freundet sich mit Raya und ihren neuen Freunden an, besonders mit der kleinen Noi. Tong möchte sie beschützen.

## Was du über Tong wissen musst:

1 — Tong trägt die Juwelscherbe vom Land des Kamms als Halskette.

2 — Derzeit hackt Tong mit seiner Axt vor allem Gemüse.

3 — Er hat Windspiele, die klingen, als würde eine Armee Kriegstrommeln schlagen.

4 — Tong hoffte, dass die anderen ins Land zurückkehren würden.

Sisu fehlt nun nur noch eine Drachenkraft.

Vertrauen ist für Raya eine neue Erfahrung.

Das Lagerfeuer knackt fröhlich.

# Zusammenkunft

Dank Tong hat Rayas Gruppe nun vier von fünf Juwelscherben. Sie feiern mit einem Festmahl und teilen ihre Träume von einem vereinten Kumandra, frei von den Druun. Dafür müssen sie das Juwel wieder zusammensetzen, doch das letzte Stück ist im Land des Zahns ...

Die Suppe enthält Zutaten aus all ihren Heimatländern.

# Hoffnung und Zweifel

Namaari hat die letzte Scherbe des Drachenjuwels – den Schlüssel zur Rettung von Kumandra.
Wird sie sie herausrücken? Sisu vertraut darauf,
dass Namaari hilft. Raya fürchtet einen Kampf!

**Sisu**

Ich erkenne
einen Drachen-
Fan. Schau ihre
Augen an, sie sind
ganz feucht …

Namaari
tut ganz fies
und wild, aber
ich spüre das
Gute in ihrem
Herzen.

Wenn man
Vertrauen will,
muss man erst
Vertrauen
schenken.

**Raya**

Namaari hat mich schon früher verraten. Das passiert mir nicht noch mal!

Sie hat eine Armbrust! Sie will dir weh-tun, Sisu, und die Druun werden nie besiegt.

Vielleicht ist es nicht zu spät für Frieden. Das würde mein Vater wollen.

DK | Penguin Random House

Der DK Verlag dankt Chelsea Alon und
Rima Simonian von Disney für ihre Unterstützung.

**Lektorat** Beth Davies, Paula Regan,
Julie Ferris, Mark Searle
**Gestaltung und Bildredaktion** Lauren Adams, Jo
Connor, Lisa Lanzarini
**Herstellung** Siu Yin Chan, Lloyd Robertson

Für die deutsche Ausgabe:
**Programmleitung** Monika Schlitzer
**Projektbetreuung** Christian Noß
**Herstellungsleitung** Dorothee Whittaker
**Herstellungskoordination** Ksenia Lebedeva
**Herstellung** Evely Xie

Titel der englischen Originalausgabe:
Disney Raya and the Last Dragon. Raya's World

© Dorling Kindersley Limited, London, 2021
Ein Unternehmen der
Penguin Random House Group
Alle Rechte vorbehalten
Seitengestaltung © 2021 Dorling Kindersley Limited

**Übersetzung** Simone Heller

ISBN 978-3-8310-4105-3

**Druck und Bindung** TBB, a.s., Slowakei

FSC
www.fsc.org

MIX
Aus verantwortungs-
vollen Quellen
FSC® C022120

www.dk-verlag.de